VILLE DE LYON

ARRÊTÉ

SUR

L'Organisation des Musées

DE LA VILLE DE LYON

LYON

TYPOGRAPHIE ET LITHOGRAPHIE J. GALLET

2, rue de la Poulaillerie. 2.

—

1885

VILLE DE LYON

ARRÊTÉ

SUR

L'Organisation des Musées

DE LA VILLE DE LYON

LYON

TYPOGRAPHIE ET LITHOGRAPHIE J. GALLET

2, rue de la Poulaillerie, 2.

1885

MUSÉES

CONSEIL D'ADMINISTRATION

NOMS DES MEMBRES

MM.

Dr GAILLETON, maire de Lyon.
AYNARD, banquier.
ANDRÉ (Gaspard), architecte.
ARMAND-CAILLAT, orfèvre.
BÉRARD, conseiller municipal de Lyon.
BOUFFIER, adjoint au Maire de Lyon.
BOUVARD (E.), négociant.
CAMBEFORT, rentier.
CHABRIÈRES-ARLÈS , trésorier-payeur général.

MM.

CLAVEL, conseiller municipal de Lyon.
DUBOIS, adjoint au Maire de Lyon.
ECHERNIER, architecte.
FABISCH, sculpteur statuaire.
GAUDIER, inspecteur d'Académie.
GRAND (Paul), rentier.
HIRSCH, architecte en chef de la Ville.
ROYÉ-BELLIARD, conseiller à la Cour d'appel de Lyon.
SÉVÈNE, président de la Chambre de Commerce de Lyon.

CONSERVATEURS

Musées de peinture et de sculpture

M. REIGNIER, professeur honoraire de l'École nationale des
Beaux-Arts de Lyon.

Musées d'épigraphie, de numismatique et de sigillographie

Conservateur honoraire : M. ALLMER, membre correspondant
de l'Institut.

Conservateur titulaire : M. Paul DISSARD, membre correspondant de plusieurs Sociétés savantes.

Musées d'archéologie

M. J.-B. GIRAUD, ancien Secrétaire général de l'Exposition
rétrospective de Lyon, en 1877.

MUSÉES

DE LA

VILLE DE LYON

ARRÊTÉ

Vu la loi du 5 avril 1884;
Vu le décret du 26 mars 1852,

ARRÊTONS :

L'arrêté du 28 décembre 1878, sur l'organisation des Musées de Lyon, est modifié ainsi qu'il suit :

TITRE Ier

CONSEIL D'ADMINISTRATION

ARTICLE PREMIER.

L'Administration et la Direction générale des Musées de la ville de Lyon sont confiées à un Conseil d'administration composé :

1° Des administrateurs de l'Ecole nationale des Beaux-Arts de Lyon ;

2° De sept autres membres nommés par le Maire de Lyon.

ARTICLE 2.

Le Bureau du Conseil est composé d'un président et de deux vice-présidents nommés au scrutin secret à la majorité des suffrages des membres présents.

Le Maire de Lyon est de droit président du Conseil.

ARTICLE 3.

Le Conseil forme en outre, dans son sein, trois Comités consultatifs et de surveillance, correspondant aux trois classes spéciales de conser-vation mentionnées à l'art. 14.

ARTICLE 4.

Le Bureau et les Comités sont renouvelés après avoir exercé leurs fonctions pendant une durée de trois années. Les membres qui les composent sont rééligibles. Il est procédé à leur élection dans la dernière réunion du Conseil du mois de décembre qui correspond à la clôture de la période triennale de leur exercice.

ARTICLE 5.

Dans le cas où il serait reconnu nécessaire d'augmenter le nombre des membres du Conseil, comme aussi dans le cas d'une vacance par suite de démission, décès ou autrement, la nomination de nouveaux membres sera faite par le Maire, sur la présentation de trois candidats désignés par le Conseil d'administration, toutes sections réunies et après un vote au scrutin secret.

ARTICLE 6.

Le Conseil d'administration se réunit régulièrement une fois par mois, et plus souvent si les circonstances l'exigent.

ARTICLE 7.

Le président dirige les travaux du Conseil et ordonne les convoca-tions. Il administre toutes les parties du service des Musées et corres-pond seul avec les administrations publiques, les conservateurs et les particuliers pour tout ce qui concerne les Musées.

En cas d'absence ou d'empêchement du président, ses fonctions sont déléguées à l'un des deux vice-présidents.

ARTICLE 8.

Le Conseil délibère, suivant les nécessités reconnues par lui, sur les propositions faites par les Comités et les conservateurs ; il veille au bon fonctionnement des services et à la tenue des collections ; il dresse le budget annuel des Musées et détermine la répartition qui concerne chaque classe de conservation.

Aucune disposition n'est prise, aucune dépense ne peut être faite ni engagée sans délibération préalable du Conseil.

Les décisions du Conseil sont transmises, par les soins du bureau, au Maire, pour en obtenir les autorisations nécessaires.

ARTICLE 9.

Les délibérations du Conseil sont valables quand la moitié au moins de ses membres assiste à la séance.

Le procès-verbal de chaque séance du Conseil est consigné sur un registre spécial ; il est signé par le président, et, suivant le cas, il en est adressé une expédition totale ou partielle à l'Administration municipale.

ARTICLE 10.

Aucune galerie ne peut être ouverte ni fermée, aucun objet ne peut être retiré des galeries ni ajouté, aucun changement ne peut être effectué sans délibération du Conseil.

Les changements de détail et les déplacements momentanés que nécessitent les besoins du service appartiennent aux conservateurs, sous la condition d'en référer préalablement aux Comités consultatifs des classes respectivement intéressées à ces changements et déplacements.

ARTICLE 11.

Le Conseil délibère sur toutes les questions qui lui sont soumises par le Président, sur les différents travaux des conservations, sur les acquisitions d'objets d'art, etc.

Aucune acquisition ne peut être proposée à l'Administration municipale sans une délibération du Conseil approuvant l'acquisition.

La délibération, dans ce cas, doit avoir lieu en présence des objets proposés. En cas d'impossibilité, le Conseil pourra nommer une délégation pour aller visiter l'objet en question.

ARTICLE 12.

Aucune addition ni suppression ne peut être faite à un objet d'art aucune modification ne peut être effectuée, aucune restauration ne peut être entreprise sans l'approbation du Conseil et l'avis préalable du Comité consultatif de la classe à laquelle appartient l'objet.

ARTICLE 13.

Un secrétaire est attaché au Conseil d'administration. Ce fonctionnaire est nommé par le Maire, sur la proposition du Conseil.

Le Secrétaire est chargé de la rédaction des procès-verbaux du Conseil, de la comptabilité administrative, du service de la correspondance, des expéditions, de la conservation des archives, de la délivrance des cartes d'admission dans les galeries, de la tenue des registres, de la rédaction des états de dépenses, du payement des traitements du personnel et de tous les détails concernant le matériel des Musées.

TITRE II

CONSERVATION

ARTICLE 14.

La conservation des Musées est divisée en trois classes distinctes correspondant aux trois groupes suivants :

1º Peinture, sculpture, gravures, dessins;

2º Epigraphie, numismatique, sigillographie ;

La section du Musée des antiques est comprise dans ce groupe.

3º Archéologie (meubles, armes, faïence, étoffes, objets divers) comprenant le Moyen-Age, la Renaissance et les époques suivantes.

Chaque classe est confiée à un Conservateur spécial.

ARTICLE 15.

Les Conservateurs sont nommés par le Préfet sur la présentation du Maire, auquel est soumise une liste de trois candidats désignés par le Conseil d'administration.

ARTICLE 16.

Les Conservateurs ont, dans leurs départements ou groupes respectifs, la police intérieure et la surveillance immédiate des gardiens, garçons de salle et autres subordonnés.

Ils proposent au Conseil les acquisitions ou échanges à faire, les mesures à prendre, les changements ou déplacements à effectuer, les travaux à exécuter, etc.

Ils veillent à ce que, suivant la nature spéciale de leur groupe, tous les objets qui y entrent, tant par les acquisitions, les dons ou les échanges, soient inscrits sur les divers registres spécialement consacrés à cet usage et destinés à servir, au besoin, de pièces justificatives.

ARTICLE 17.

Chaque Conservateur est tenu de classer les collections, qui lui sont confiées, d'en dresser l'inventaire et de rédiger les catalogues, qui doivent être constamment tenus à jour.

Des étiquettes seront placées sur tous les objets exposés, pour faire connaître leur classement, leur origine et les diverses indications utiles.

Les catalogues sont soumis à l'approbation du Président du Conseil d'administration.

En cas de divergence sur certains points de la rédaction, la question peut être soumise à l'appréciation du Conseil.

ARTICLE 18.

Les Conservateurs doivent être, pendant la durée du service, tout entiers aux fonctions dont ils sont chargés. Ils ont la responsabilité des objets confiés à leurs soins et doivent prendre ou proposer toutes les mesures nécessaires en vue d'assurer la sécurité, l'entretien, la conservation et la bonne tenue de ces objets, ainsi que des meubles ou galeries qui les renferment.

ARTICLE 19.

A la fin de chaque année, les Conservateurs adressent au Conseil un rapport sur la situation générale de leurs services respectifs. Ce rapport mentionne les faits qui se sont produits dans le cours de l'année, les améliorations réalisées, les modifications à apporter et les propositions intéressant chaque classe de conservation.

ARTICLE 20.

Les Conservateurs sont tenus de se conformer aux décisions du Conseil pour tout ce qui se rattache à la direction générale des Musées, aux mesures d'ordre et de discipline, à l'administration et à la réglementation des services, aux dispositions particulières concernant les collections, le personnel, le public, etc.

Ils correspondent directement avec le président du Conseil, qui leur transmet les instructions concernant chaque classe de conservation et les décisions du Conseil devant être portées à leur connaissance.

Chaque Conservateur est tenu de déférer aux avis du Comité consultatif et de surveillance de sa section.

En cas de divergence, la question est portée devant le Conseil, qui prononce en dernier ressort.

ARTICLE 21.

Les Conservateurs se réunissent une fois par mois pour délibérer sur les mesures d'ordre général, consignes et dispositions intéressant les services généraux des Musées et du Palais-des-Arts.

Le procès-verbal de ces délibérations est transmis immédiatement au Conseil par les soins du Secrétaire.

TITRE III

PERSONNEL

ARTICLE 22.

Le service du public, des collections et de l'intérieur du Palais-des-Arts est fait par des gardiens, garçons de salle et concierges, placés directement sous les ordres des Conservateurs.

Ces divers agents sont tenus de se conformer aux instructions et aux ordres de service qui leur sont donnés par les Conservateurs, chacun en ce qui le concerne.

Les plaintes auxquelles pourrait donner lieu le service de ces agents, ainsi que les réclamations de ces derniers, seront adressées au Président du Conseil, qui déterminera la suite à leur donner.

ARTICLE 23.

Les gardiens sont tenus de se rendre régulièrement à leur poste et d'y rester tout le temps nécessaire à leur service.

Ils ne peuvent s'absenter sans la permission du Conservateur sous les ordres duquel ils sont placés.

Ils s'occupent exclusivement de ce qui concerne leur service, et tout travail qui y serait étranger leur est interdit.

Ils sont chargés de faire observer les règles de police intérieure prescrites dans chaque section et spécialement de veiller, avec la plus grande attention, sur les objets confiés à leur garde.

Ils sont chargés en même temps de l'entretien des salles, galeries et mobiliers, et sont tenus d'exécuter tous les travaux intérieurs et extérieurs qui leur sont commandés.

ARTICLE 24.

Dans le cas où un gardien serait retenu chez lui par une maladie ou un autre empêchement légitime, il doit en informer immédiatement le Conservateur de sa section.

Il est tenu, dans ce cas, de se faire remplacer, après avoir fait agréer son remplaçant par le Conservateur.

ARTICLE 25.

Les gardiens, garçons de salles et concierges doivent obéissance et soumission aux Conservateurs.

La plus grande politesse leur est recommandée à l'égard du public, et il leur est enjoint de donner avec complaisance les renseignements qui leur sont demandés.

Un registre sera constamment tenu à la disposition du public, au secrétariat des Musées, pour recevoir les plaintes et les réclamations des visiteurs et des personnes admises à travailler dans les Musées.

Il est expressément défendu aux gardiens, garçons de salles et concierges d'exiger une rétribution quelconque de la part des visiteurs, sous peine de révocation.

ARTICLE 26.

Si, dans une classe de conservation, il se présentait un travail d'urgence qui exigeât la coopération momentanée d'employés attachés à une autre classe, ces derniers seraient tenus de se conformer aux ordres qui leur seraient donnés à cet effet par leur Conservateur respectif.

TITRE IV

DISPOSITIONS GÉNÉRALES

ARTICLE 27.

Le Conseil d'administration est chargé de préparer les règlements particuliers relatifs à tous les détails du service intérieur, mesures d'ordre, consignes, etc., des Musées et du Palais-des-Arts, ainsi que d'étudier les modifications à apporter aux règlements en vigueur.

Ces règlements seront soumis à l'approbation du Maire.

ARTICLE 28.

Toutes les dispositions contraires au présent arrêté sont abrogées.

ARTICLE 29.

Le Conseil d'administration des Musées de la ville de Lyon est chargé de l'exécution du présent arrêté.

Fait à Lyon, le 26 juin 1885.

Le Maire de Lyon,
Dr GAILLETON.

Vu :
Pour le Préfet du Rhône :
Le Secrétaire général délégué,
ALAPETITE.

Lyon. — Imp. J. GALLET, rue de la Poulaillerie, 2.